AF357716

VENTE DU JEUDI 5 MAI 1887

HOTEL DROUOT, SALLE N° 3

à trois heures.

TABLEAUX

MODERNES

Composant la Collection de M. D***

EXPOSITION PUBLIQUE

LE MERCREDI 4 MAI 1887

DE 1 HEURE 1/2 A 5 HEURES 1/2

Mᵉ LÉON TUAL	**M. GEORGES PETIT**
COMMISSAIRE-PRISEUR	EXPERT
56, rue de la Victoire, 56	12, rue Godot-de-Mauroi 12

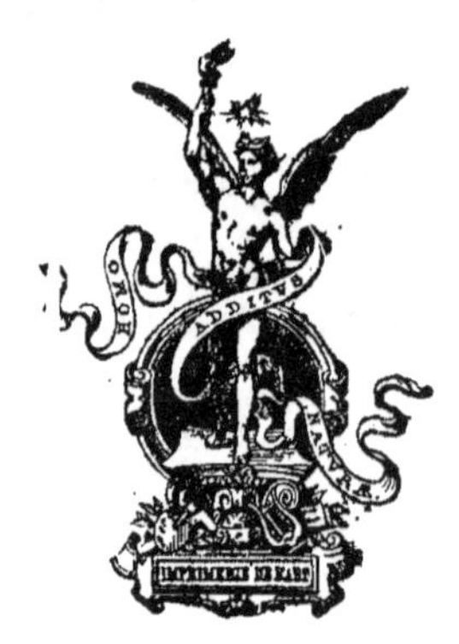
HOMO ADDITVS NATVRÆ
IMPRIMERIE DE KARL

CATALOGUE

DE

TABLEAUX & AQUARELLES

MODERNES

PAR

Bonnat, Burgers, Chaigneau, Chartran, Clairin, Decamps
Dupray, Hamman fils, Hébert, J. Héreau
Louis Leloir, De Mesgrigny, Ph. Rousseau, Troyon
Veyrassat, Voillemot, Zamacoïs, Ziem

Œuvres importantes de BONVIN

DONT LA VENTE AURA LIEU

HOTEL DROUOT, SALLE N° 3

Le Jeudi 5 Mai 1887

à trois heures

PAR LE MINISTÈRE DE

M* LÉON TUAL	M. GEORGES PETIT
COMMISSAIRE-PRISEUR	EXPERT
56, rue de la Victoire, 56	12, rue Godot-de-Mauroi, 12

EXPOSITION PUBLIQUE

Le Mercredi 4 Mai 1887, de 1 heure 1/2 à 5 heures 1/2

CONDITIONS DE LA VENTE

Elle sera faite au comptant.

Les Acquéreurs paieront, en sus des adjudications, CINQ CENTIMES PAR FRANC applicables aux frais.

Paris. — Imp. de l'Art. E. Ménard et J. Augry
41, rue de la Victoire, 41

DÉSIGNATION

TABLEAUX

BONNAT

1 — *Femme fellah.*

Haut., 33 cent.; larg., 22 cent.

BONVIN

2 — *L'École des orphelines.*

Haut., 18 cent.; larg., 25 cent.

BONVIN

3 — *Jeunes Paysans revenant des champs.*

Haut., 42 cent.; larg., 28 cent.

BONVIN

4 — *Femme assise devant un métier de tapisserie.*

Haut., 37 cent.; larg., 45 cent.

BONVIN

5 — *La Repasseuse.*

Haut., 54 cent. ; larg., 36 cent.

BONVIN

6 — *Harengs sur le gril.*

Haut., 31 cent.; larg., 47 cent.

BONVIN

7 — *Nature morte.*

Sur une table de cuisine sont posés une botte d'asperges, des cerises et un chaudron.

Haut., 80 cent.; larg., 59 cent.

BONVIN

8 — *Nature morte.*

> Des attributs d'artiste, brosses et pa-
> lette, sont posés sur un tonneau.

Haut., 45 cent.; larg., 55 cent.

BONVIN

9 — *Les Huîtres.*

Haut., 34 cent.; larg., 53 cent.

BONVIN

10 — *Nature morte; poissons.*

Haut., 44 cent.; larg., 53 cent.

BOUDIN

11 — *Vue de Paris.*

Haut., 26 cent.; larg., 38 cent.

BURGERS

12 — *La Tourterelle.*

Haut., 31 cent.; larg., 45 cent.

CHAIGNEAU

13 — *Le Repos.*

CHARTRAN

14 — *Candeur.*

Haut., 39 cent.; larg., 30 cent.

CLAIRIN

15 — *Porte à Tanger.*

Aquarelle.

COIGNARD

16 — *Paysage avec vaches.*

Haut., 1 m. 35 cent.; larg., 1 m. 80 cent.

COROT

17 — *Souvenir d'Italie.*

Haut., 24 cent.; larg., 32 cent.

COUDER

18 — *Intérieur de cuisine.*

Haut., 53 cent.; larg., 45 cent.

DECAMPS

19 — *Le Moulin à vent.*

DUPRAY

20 — *Qui vive!*

DUPRAY

21 — *Pendant la pause.*

Épisode des grandes manœuvres.

Haut., 46 cent.; larg., 60 cent.

DUPRAY

22 — *Officier de chasseurs en observation.*

Haut., 21 cent.; larg., 32 cent.

FRÈRE

(CH.)

23 — *Atelier de charron.*

Haut., 1 m. 3 cent.; larg., 1 m. 60 cent.

HAMMAN FILS

(ED.)

24 — *Vaches dans un marécage.*

Haut., 25 cent.; larg., 35 cent.

HAMMAN FILS

(ED.)

25 — *Vache broutant un saule.*

Haut., 22 cent.; larg., 16 cent.

HÉBERT

26 — *Allégorie.*

> Haut., 22 cent.; larg., 14 cent.

HÉREAU

(J.)

27 — *Cour de ferme.*

> Haut., 3o cent.; larg., 40 cent.

HÉREAU

(J.)

28 — *Paysage avec moutons; effet de matin.*

> Haut., 26 cent.; larg., 18 cent.

HUMBERT

29 — *Diane.*

> Haut., 25 cent.; larg., 33 cent.

JERICHAU

(ÉLISABETH)

3o — *La Lecture de la Bible.*

1860.

Haut., 1 m. 40 cent.; larg., 1 m. 87 cent.

INCONNU

31 — *Chiens accouplés.*

INCONNU

32 — *Nature morte.*

Haut., 96 cent.; larg., 1 m. 2 cent.

KREYDER

33 — *Nature morte; pommes et poires.*

Haut., 5o cent.; larg., 73 cent.

LELOIR

(LOUIS)

34 — Chasse au chamois.

Forme cintrée.

Haut., 22 cent.; larg., 56 cent.

LEROUX

(EUG.)

35 — Un Fumeur.

Haut., 55 cent.; larg., 38 cent.

LUTSCHER

(F.)

36 — En forêt.

Haut., 59 cent.; larg., 92 cent.

MAIGNAN

(A.)

37 — Rêverie.

Haut., 35 cent.; larg., 21 cent.

MESGRIGNY

(DE)

38 — *Bords de la Marne.*

Haut., 36 cent.; larg., 55 cent.

PILS

39 — *Étude pour l'Opéra.*

Haut., 45 cent.; larg., 3o cent.

PLASSAN

40 — *La Visite à la châtelaine.*

Haut., 20 cent.; larg., 28 cent.

ROUSSEAU

(PHILIPPE)

41 — *Lapin poursuivi par deux chiens bassets.*

Haut., 32 cent.; larg., 40 cent.

ROUSSEAU
(PHILIPPE)

42 — *Chaumière normande.*

Important dessin.

THOREN
(OTTO VON)

43 — *Une Noce en Bretagne.*

Haut., 1 m. 32 cent.; larg., 2 mètres.

TROYON

44 — *Le Parc de Saint-Cloud.*

Haut., 48 cent.; larg., 40 cent.

VERNIER
(E.)

45 — *Le Vieux Moulin à Maisons-Laffitte.*

Haut., 32 cent.; larg., 56 cent.

VEYRASSAT

46 — *Retour du marché.*

Haut., 35 cent.; larg., 47 cent.

VOILLEMOT

47 — *Éventail.*

ZAMACOIS

48 — *Vue panoramique.*

Haut., 15 cent.; larg., 20 cent.

ZIEM

49 — *Un Marché en Orient.*

Haut., 52 cent.; larg., 79 cent.

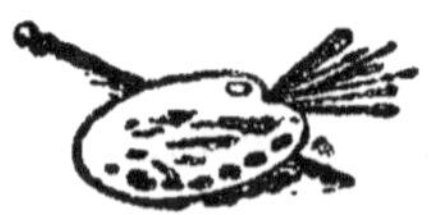

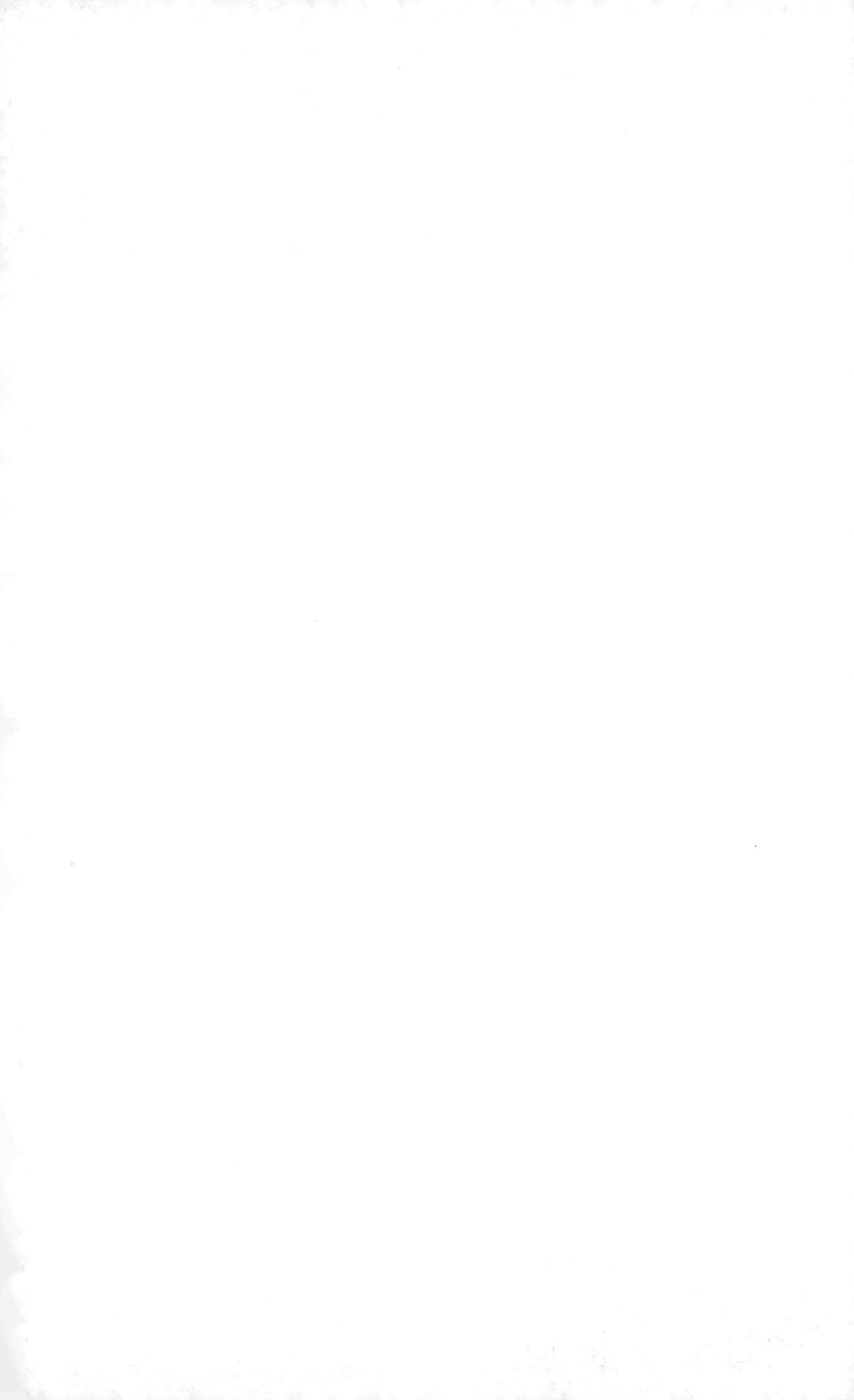